UN

SAINT PÉNITENT-GRIS

D'AVIGNON

M. GABRIEL DE VIDAUD

1776—1834

Au profit de la Chapelle des Pénitents-Gris.

Prix : 30 centimes.

AVIGNON

AUBANEL FRÈRES, IMPRIMEURS DE N. S. P. LE PAPE

ET DE MGR L'ARCHEVÊQUE

1881

UN
SAINT PÉNITENT-GRIS
D'AVIGNON

M. GABRIEL DE VIDAUD

1776—1834

AVIGNON

AUBANEL FRÈRES, IMPRIMEURS DE N. S. P. LE PAPE

ET DE MGR L'ARCHEVÊQUE

1881

UN SAINT PÉNITENT-GRIS

D'AVIGNON

1776 — 1834

Personne ne sut mieux se cacher aux regards des hommes et goû-
ter le conseil de l'auteur de l'*Imitation*: *Ama nesciri, aimez d'être
ignoré*, que le vaillant serviteur de Dieu dont nous allons rapide-
ment esquisser les traits ; et le ciel a permis, hélas ! pour seconder
même après la mort ses désirs, qu'il n'y ait que trop réussi. Telle une
modeste fleur perdue dans une touffe d'herbes et à qui Dieu
épargnerait le déplaisir d'être trahie par son suave et pénétrant par-
fum. Nos lecteurs nous pardonneront sans doute d'avoir cherché à
découvrir la fleur mystérieuse et à soulever un peu l'épais voile d'humilité dont s'enveloppait volontiers une singulière vertu : nous avons
tant besoin aujourd'hui d'être excités et consolés par de saints
exemples !...

*

M. Gabriel-Joseph de Vidaud naquit à Grenoble, le 19 Mars 1776,
de parents très-pieux originaires du Comtat-Venaissin. Il eut pour
mère Marie-Joséphine-Sophie de Cambis, dernière descendante de la
famille des Cambis-Velleron, branche aînée de la famille des Cambis,
issue de celle des Pazzi de Florence et établie dans le Comtat depuis
longues années. Un gracieux et vif reflet de la sainteté de Madeleine
de Pazzi restait au front de son arrière petite nièce, Mme Sophie de
la Tour-Vidaud, et se continua sur le front de son digne fils Gabriel.

Son père, conseiller d'Etat aux bureaux de la librairie, paya de son sang, en 1794, sa noble fidélité à la cause de Dieu et du roi. Après la mort de Louis XVI et au milieu des saturnales impies de la Convention, M. de la Tour-Vidaud s'était retiré à Avignon. Il y vivait dans le deuil et la retraite ; mais il ne tarda pas à être arrêté, conduit à Orange, accusé et condamné. Sa mère partagea son sort. Agée alors de quatre-vingt-sept ans, à peu près tombée en enfance et devenue aveugle par suite du grand âge, elle ne comprit rien à l'interrogatoire, mais elle dut aller à l'échafaud, appuyée sur le bras de son fils : — « Où allons-nous, mon ami ? lui dit-elle, où nous mène-t-on ? » — « Au ciel, ma mère ! » lui répondit le fils. Quelques instants après, elle lui dit encore : — « Où souperons-nous, ce soir ? » — « Avec les anges, ma mère ! » Dialogue touchant et, à notre avis, tout aussi sublime que le brusque dialogue du 5e acte de *Polyeucte* qu'il rajeunit et rappelle.

Au pied de l'échafaud, Mme de Vidaud qui ne se rendait encore compte de rien, trouva le fatal marchepied plus haut que celui de son carrosse ordinaire : — « C'est vrai, lui dit le fils, mais courage ! » Afin de ne point laisser cette chère infirme livrée à la brutalité et aux rires de ses assassins, il exigea qu'elle mourût avant lui, l'aida à gravir l'escalier, la vit attacher à l'horrible planche et ne cessa jusqu'à la fin de l'exhorter, et de l'entretenir de Dieu. Ensuite il se plaça lui-même sur le billot fumant du sang maternel, et en invoquant le Sauveur qui s'est laissé clouer sur la croix, il attendit vaillamment et reçut le coup qui réunit sa tête à celle de sa mère. Le Colisée n'a pas vu beaucoup de scènes plus magnifiques...

*

On devine aisément ce que sera le fils de ce martyr et de l'arrière petite nièce de Sainte Madeleine de Pazzi. Qu'il serait doux et intéressant de suivre ses premiers pas ! mais la Révolution a dissipé, comme un vent d'orage, les gracieux souvenirs du premier âge de Gabriel. Tout ce qu'il a été possible de recueillir consiste en quelques notes très-succinctes et apparemment très-injustes et très-sévères qu'il a laissées lui-même sur sa vie. Il fit, dit-il, sa première Communion à Versailles, le 5 Mai 1789, et il reçut, à la même époque, le sacrement de Confirmation ; puis, il ajoute : « Enfance insoumise, sans charité. » Mais son précepteur, le bon M. Lacombe, prêtre respectable qui vivait encore en 1826 et que deux ou trois prêtres de ce diocèse ont eu le bonheur de connaître, se plaisait à lui rendre un tout autre témoignage.

Gabriel avait dix-huit ans, au moment de l'héroïque mort de son père. Pour le soustraire aux mêmes dangers, ses parents le firent entrer d'abord comme grenadier dans le bataillon *montagnard de la Corrèze*, puis comme ouvrier mécanicien à l'arsenal de Grenoble. C'était la mode au XVIIIe siècle d'initier les fils de famille aux arts manuels et les princes eux-mêmes cédaient à cette bizarrerie innocente: témoin Louis XVI employant ses rares loisirs à des travaux d'horlogerie. L'apprentissage fait par le jeune M. de Vidaud avait été, à ce qu'il paraît, assez sérieux puisqu'il put, sans être soupçonné de ceux qui travaillaient à l'arsenal avec lui, remplir pendant dix-huit mois toutes les obligations d'un simple ouvrier.

L'orage de la Terreur passé, on vit, un jour, l'ex-mécanicien Gabriel, seul et armé, sur la route d'Avignon à Orange : — « Où vas-tu ? » lui dit un de ses amis qui le rencontra. — « Je vais à la recherche des délateurs de mon père et de ma grand'mère. » Heureusement il ne put pas les découvrir ; et, les eût-il découverts, sa foi se serait réveillée et aurait arrêté son bras. Les saints ne sont pas d'une autre trempe que nous ; mais la grâce corrige bien vite en eux les emportements de la nature. Dans la suite, le bon M. de Vidaud se reprocha vivement cet écart d'un moment qui eût pu entraîner les plus graves conséquences. Son journal porte, à cette époque de sa vie : « Projets de vengeance ; haine. Pardon, ô mon Dieu, pardon ! »

*

Lorsque, après la mort de Robespierre, le gouvernement déclara que les biens des condamnés qui étaient sous le sequestre seraient rendus à leurs familles, M. de Vidaud réclama et put heureusement recouvrer plusieurs propriétés importantes : entre autres, l'hôtel de CambisVelleron à Avignon, actuellement hôtel Clauseau, rue Calade, 87 ; le domaine de Fargues, près du Pontet, et le Marquisat de Velleron, près de Pernes. Le Comtat auquel le rattachent déjà bien des souvenirs doux et tristes va devenir pour lui une seconde patrie. Il s'en absentera souvent à cause de ses affaires qui l'appellent à Paris, en Bresse, dans le Dauphiné ; mais il revient toujours volontiers à Avignon et vers sa chère église de la Confrérie des Pénitents-Gris, aimant irrésistible et centre mystérieux de sa vie. — « Vos autels, mon Dieu, vos autels ! » Le passereau a son toit et l'hirondelle a son nid. Lui, songeant à cette modeste chapelle où le S. Sacrement toujours exposé voit se renouveler sans cesse, depuis six-cents ans, le flot des adorateurs, il s'écrie avec le Psalmiste : « Heureux, Sei- « gneur, ceux qui habitent votre maison ! ils vous loueront à ja- « mais (1). » Mais avant de faire connaître les sentiments de M. de Vidaud à l'égard de la « dévote et royale » Confrérie des Pénitents-Gris, le rang distingué qu'il occupa longtemps parmi ses confrères et les généreux sacrifices qu'il s'imposa pour restaurer et enrichir leur chapelle, nous pensons qu'on nous saura gré de dire en quelques mots ce qu'il fut loin de nous, dans l'accomplissement des multiples devoirs que sa position lui imposait.

*

Possesseur à vingt ans d'une assez belle fortune, joignant aux agréments de sa personne le mérite d'une conduite irréprochable et une réputation bien assise de religion, d'esprit, de bon sens, de délicatesse, beaucoup de mères durent ambitionner pour leurs filles un tel époux. La Providence lui destinait une épouse digne de lui par sa rare vertu : Mlle Gabrielle Planelli de la Valette. Mais est-il en ce monde un bonheur durable ? Un peu plus de trois ans après leur mariage, il eut la douleur de pleurer sa mort, et, dans sa profonde humilité, il répétait souvent, les yeux pleins de larmes : « J'étais indigne de lui être uni ! »

Il lui restait cependant, à son foyer visité par l'épreuve, deux petites filles, deux anges, et il veilla avec une tendre sollicitude sur leur éducation. On a beau aimer, on ne supplée pas une mère. Aussi quand mesdemoiselles Zoé et Louise eurent atteint l'âge de 6 et 8 ans, M. de Vidaud s'empressa de les confier aux religieuses de Saint-Pierre de Valfleuri, sans jamais toutefois les perdre de vue. Il les visite souvent, et comme, en les attendant au parloir, il s'occupe à lire

(1) Psal. LXXXIII. 3, 5.

l'*Imitation de Jésus-Christ* (1), plus d'une fois mesdemoiselles sont obligées d'en entendre quelques versets. Absent, il leur écrit de longues lettres, simples, naïves, conformes à leur âge. Surtout, il les recommande au bon Dieu. Un jour, un de ses amis l'ayant surpris à l'église dans un recueillement et une ferveur extraordinaires : « Je prie pour elles ! » lui dit-il. — « Qui ? *elles.* » — « Pour mes enfants. »

Le 2 février 1806, il les fait recevoir dans la confrérie du Saint-Scapulaire, « en son hôtel d'Avignon dont la petite chapelle est splendidement décorée », et lui-même récite les prières d'usage pour elles trop jeunes encore. Trois ans après, nouvelles faveurs ménagées à ses deux enfants. Pie VII étant à Grenoble, M. de Vidaud sollicite l'honneur de se présenter avec elles devant l'auguste captif, vicaire de Celui qui a dit : « Laissez venir à moi les petits enfants. » La bénédiction du Saint Père ne tomba pas en vain dans des âmes bien préparées : — « J'ai jugé par tes bulletins, écrivait M. de Vidaud à Louise quel- « que temps après, que tu as été plus sage au commencement du « trimestre que le mois dernier. J'ai confiance que la bénédiction de « notre Saint Père le Pape que tu as eu le bonheur de recevoir de si « près aura attiré sur toi quelque grâce particulière. »

En effet, Mlle Louise ne devait pas tarder d'entrer au noviciat des Dames du Sacré-Cœur, de Paris. — « Elle a préféré sagement *l'or à la* « *boue,* » disait son vertueux père. Mgr de Quélen reçut ses premiers vœux et le R. P. de Mac Carthy prêcha le sermon d'usage.

Vers la même époque, M. de Vidaud écrivit ce qui suit dans son journal : — « 27 septembre 1819. Je fixe mon choix, en vue de Dieu et après une neuvaine, sur Eugène (de Chabannes), à qui je donne Zoé pour épouse. » Le mariage se fit en décembre 1819.

*

Ses filles établies, il apporta toujours la plus exacte vigilance à l'administration de ses divers domaines : mais tous ses revenus à peu près étaient distribués aux pauvres. Pour lui, il vivait de peu. Son lit et sa table étaient des plus modestes ; ses vêtements souvent râpés et à demi usés, toujours propres et simples, le faisaient ressem-

---

(1) M. Théodore Aubanel possède la précieuse *Imitation de Jésus-Christ* dont se servait sans doute M. de Vidaud. C'est un petit volume in-32, très-fatigué. On lit à la 1re page : *A M. Laurent Aubanel, imprimeur à Avignon — G. de Vidaud.*

bler à un ancien ouvrier ayant acquis par son travail la plus juste médiocrité, plutôt qu'à un homme des premières conditions de sa province.

Et quelle vie pleine et sans cesse occupée ! Et quel travail vraiment chrétien ! « Je me souviendrai, est-il dit dans son *Règlement*, que le travail est la peine du péché, et je m'unirai aux travaux de Jésus-Christ. »

Un de ses amis vint un jour le voir : —« Tu es seul, je viens te tenir compagnie. » — « Seul ! dit M. de Vidaud, non certes ; lève les yeux, tu verras si je puis être en meilleure compagnie. » Un grand christ était suspendu devant la table à la muraille.

Au reste, si avare qu'il fût de son temps, il était toujours prêt à interrompre son travail pour rendre quelque service, porter quelque abondante aumône à un pauvre. Il terminait le tout par une longue visite au Saint-Sacrement, autant que possible dans sa tranquille et bien-aimée chapelle des Pénitents-Gris.

*

Il avait assisté à la ruine de l'Eglise pendant la Révolution ; Dieu lui fit la grâce d'assister aussi et de prendre part au travail de réédification vaillamment commencé, mais bien vite encore et malheureusement entravé. Ses maisons servirent souvent d'asile et de logement provisoire aux religieux et aux religieuses qui venaient s'établir dans les villes où il avait quelques possessions. C'est ainsi que son hôtel d'Avignon, rue Calade, servit de résidence à Mgr de Mons jusqu'en 1824, époque où l'hôtel Crochant, acheté par l'Etat en octobre 1823, fut transformé en archevêché. — « Il m'a semblé, écrivait M. de Vidaud à une de ses filles, que le Seigneur me disait, comme autrefois à Zachée, qu'il voulait loger dans ma maison. Notre vénérable Archevêque n'aura pas un palais, tant s'en faut, mais de la bonne volonté à le recevoir du mieux que je pourrai. »

Plus tard, il céda gratuitement son hôtel aux religieuses du Sacré-Cœur, ne s'étant réservé qu'un appartement bien modeste. Etranger, par excès de discrétion, dans sa propre demeure, il eut une fois à parler à la supérieure, et on le fit entrer dans une salle, en attendant qu'on l'eût avertie. — « Madame, lui dit-il, quand elle se présenta, je n'aurais pas pris la liberté d'entrer ici, si l'on ne m'y avait engagé. » — « Eh ! quoi, Monsieur, n'êtes-vous pas chez vous ? » lui répondit la supérieure attendrie. — « Non, certes, Madame , non : Jésus-Christ est partout chez lui, et n'êtes-vous pas ses épouses ? »

Ce même hôtel avait aussi servi à loger les Carmélites, avant qu'elles eussent à Avignon une demeure stable. Ajoutons que M. de Vidaud offrit généreusement son château et sa propriété de Fargues aux novices de la Compagnie de Jésus pour leurs promenades, dans la saison d'été ; que l'offre fut acceptée avec reconnaissance, et que le pieux châtelain s'estimait heureux de contribuer ainsi à affermir des santés qui se consumeront efficacement pour la gloire de Dieu. Un des novices eût bien fait d'écrire sur la porte de l'hospitalière demeure cette parole de Jésus-Christ : *Hospes eram et collegistis me* (1).

*

Nous touchons à l'époque où M. de Vidaud, ayant marié honorablement l'aînée de ses filles et applaudi au choix meilleur encore de la cadette, allait être plus libre de venir souvent à Avignon et d'y faire de longs séjours. Rappelons ici, en quelques lignes, l'histoire de la Chapelle et de la Confrérie qui l'attiraient principalement au milieu de nous : il y occupa, à son heure, malgré son humilité, une place si importante et ce sujet d'ailleurs honore à tel point notre ville, qu'on voudra bien nous pardonner d'y insister et de ralentir un peu notre pas, en dépit du conseil d'Horace : *Semper ad eventum....*

*

On sait qu'après le siége d'Avignon, en 1226, par Louis VIII, et en réparation des outrages faits à Notre-Seigneur dans la ville frappée d'interdit et restée 2 ans au pouvoir des Albigeois (2), l'évêque Nicolas de Corbie ordonna une procession solennelle d'expiation. Le S. Sacrement fut porté à une chapelle dédiée à la Ste-Croix, « en ce temps-là située hors de la ville (3), » et le roi couvert d'un habit de pénitence couleur de terre, ceint d'une corde, la tête nue, et un flambeau à la main, le cardinal-légat du pape à côté du roi, près de 60 évêques croisés et une longue suite de barons et hommes d'armes portant la croix blanche sur la poitrine, formaient le cortége du Roi des rois. — Ce fut la première procession solennelle en l'honneur du Saint-Sacrement.

(1) *J'ai été sans logement et vous m'avez recueilli* (Matth., xxv, 43).
(2) *Chronique* de Guillaume de Puy-Laurens, ch. 87.
(3) *Relation...* Joseph Tilan, imprimeur à Avignon, 1764.

*

Les jours suivants, bon nombre d'Avignonais coururent à la vieille chapelle sur les traces de Louis VIII, et sous l'habit de pénitence qu'il avait humblement porté. De là naquit une confrérie dont le roi de France voulut être le premier membre. Nicolas de Corbie en traça les règles, Romain, cardinal de S.-Ange et légat du pape, les confirma de son autorité ; les *Pénitents-Gris d'Avignon* inauguraient ainsi cette suite de pieuses et très-utiles institutions entre lesquelles leur « royale et dévote » confrérie se fit toujours distinguer par la ferveur héréditaire de ses membres.

On connaît aussi le miracle par lequel il plut un jour à Dieu de récompenser leur foi.

« En 1433 (1), les pluies firent déborder le Rhône, la Durance et « la Sorgue... L'eau commença d'entrer, le 29 novembre, dans la « chapelle des Pénitents-Gris, située sur les bords de la Sorgue, au-« près de l'église des Cordeliers. »

« Le lendemain, jour de St-André, les Maîtres de la Confrérie ap-« préhendant que les eaux ne montassent jusqu'au tabernacle, « abordent en bâteau, ouvrent la chapelle et voient que les eaux « s'étant partagées des deux côtés à la hauteur de quatre pieds, lais-« sent dans le milieu un passage libre et sec, qui conduit à l'autel « où le T.-S. Sacrement était exposé » (2).

L'émoi fut grand ; les Maîtres étant sortis pour publier ce qu'ils avaient vu, douze Confrères vinrent aussitôt : — « Nous aultres, qui « estions bien douze, suivis de beaucoup de gens, vismes tous ce « miracle, et pour en estre plus certains, nous allasmes querir quatre « Frères Mineurs, desquels trois estoient docteurs en saincte theo-« logie et l'aultre bachelier, et firent la preuve (3). »

La Confrérie statua qu'on célèbrerait chaque année une fête pour éterniser la mémoire de ce prodige ; que tous les Pénitents y com-

(1) *Relation*, p. 14 ; voir aussi au Musée-Calvet une copie d'un manuscrit précieux de Richard-Joseph de Cambis (viguier d'Avignon en 1634), que possède M. l'abbé Corenson et qui porte ce titre : « *Extrait d'un vieux pargemin escrit en lettre gotique qu'on garde dans les archives des pénitents-gris.* »

(2) *Relation*, p. 14.

(3) Manuscrit R. de Cambis. — On voit encore dans une des cours de l'Ecole libre S. Joseph, autrefois maison des Cordeliers, une porte murée, composée d'un fronton triangulaire et de deux piliers engagés, par où, selon la tradition, le S. Sacrement fut porté de la chapelle des Pénitents dans celle des Cordeliers.

munieraient, en se traînant sur leurs genoux, et qu'à l'issue des vêpres, il y aurait un sermon sur le miracle de 1433. Tout Avignon sait leur admirable fidélité à ces saintes coutumes....

*

Après cela, comment s'étonner que les Souverains Pontifes aient accordé à la dévote Confrérie de riches et nombreuses indulgences; que trois d'entre eux : Jules II, Clément XIII et Clément XIV, aient tenu à s'inscrire au nombre de ses membres, et que ce dernier ait encore voulu être un de ses bienfaiteurs, lui léguant « 5400 *livres pour l'entretien de la chapelle et la fondation de 2 cierges à perpétuité destinés à brûler devant le S. Sacrement, les dimanches et jours de fête* (1) ? » Comment s'étonner aussi que chaque fois que le Sauveur est descendu de son trône des Pénitents-Gris pour parcourir les places et les rues de la vieille cité papale, son passage ait été un magnifique triomphe et que de toutes parts, non-seulement de la Provence, du Dauphiné et du Languedoc, mais de la capitale même (2), près de 80,000 pèlerins soient accourus pour l'adorer ?

Mais la Révolution devait interrompre cette louange perpétuelle. Si la chapelle miraculeuse ne cessa pas d'être desservie, au moins jusqu'en avril 1793 (3), il est probable qu'à partir de septembre 1791 (4), époque où les membres du directoire du district de Vaucluse prirent *la vaisselle* de toutes les chapelles et églises d'Avignon, il est probable, disons-nous, que les Pénitents-Gris ne conservèrent plus le S. Sacrement exposé.

Bientôt après (19 juin 1796), la chapelle fut mise en vente, convertie en magasin, et plus tard (février 1815) en partie ruinée par l'imprudence du détenteur de l'immeuble des Cordeliers qui, en

(1) Il est regrettable qu'on ait relégué derrière l'autel et sous un escalier l'inscription *de reconnaissance* qu'en 1762 les Maîtres de la Confrérie firent graver sur marbre et placer dans le sanctuaire, à droite.

(2) Voir dans le *Mercure galant*, janv. 1696, un curieux et brillant récit de la procession de 1695.

(3) Note de M. Achard, tirée des *Arrêtés du District d'Avignon*, 1ᵉʳ registre n° 362, et remise à M. l'abbé Corenson.

(4) *Compte-rendu par les membres du directoire... sur la vaisselle retirée des églises..* — *Aux Pénitents-Gris*, il est dit qu'on a pris un reliquaire de la vraie Croix, *une clef de Tabernacle*, etc., etc.

démolissant une sacristie adossée au mur de ladite chapelle, dérangea les pierres des *accoules* et entraîna l'écroulement d'une partie de la voûte sacrée. L'autel pourtant demeura intact (1).

*

Enfin, le 30 novembre 1815, l'église des Pénitents fut rendue au culte. Quelle joie pour eux, pour leur premier Maître, M. de Blanchetti, et pour leur modèle à tous, M. de Vidaud, quand il purent dire avec le Psalmiste : *Nous irons de nouveau dans la maison du Seigneur* (2). Mais dans cette auguste maison ils trouvèrent bien des ruines à réparer. Aussitôt une Commission fut nommée, dont M. de Vidaud était membre, et une souscriptiou publique fut ouverte pour la reconstruction et le service de la chapelle. Nous voudrions pouvoir donner ici toute la liste glorieuse des bienfaiteurs qui s'inscrivirent, depuis M. Peyrard qui fit l'avance de 10,000 francs et M. Aymard qui, ayant racheté l'église en 1812, donna l'ostensoir, jusqu'à de pauvres et saints Confrères dont l'offrande, pour être plus modeste, ne fut pas moins agréable à Dieu.

M. de Vidaud, dans l'ardeur de sa foi, ne se contenta pas de contribuer de son or à la bonne œuvre, il voulut partager lui-même les travaux des ouvriers, remuant avec eux les pièces de bois les plus lourdes, taillant les pierres, forgeant le fer et servant même de manœuvre aux maçons : — « Mes amis, disait-il, c'est le palais du Dieu du ciel que vous réparez ; faites donc les choses comme il convient ! »

Le 2 mai 1818, la chapelle restaurée fut bénite, et le lendemain on y célébra solennellement la fête de la Ste Croix. Nous ne trouvons point au compte-rendu la signature de l'humble serviteur de Dieu : il avait été à la peine, il ne voulait pas être à l'honneur.

Restait à rétablir dans le nouveau sanctuaire ce qui avait réjoui pendant plus de cinq-cents ans et à jamais illustré l'ancien : l'adoration perpétuelle du S. Sacremement. C'est à quoi M. de Vidaud s'employa très-activement, écrivant avec une sainte importunité lettres sur lettres à Mgr Maurel de Mons qui ne désire pas moins que lui le succès de cette œuvre, mais dont la sage lenteur déconcerte

(1) Voir au *Livre des Délibérations* de la Confrérie (20 août 1816) une *adresse* au pape Pie VII.

(2) Psal. cxxi, 1.

un peu sa vivacité. Il lui fit même remettre par le R. P. de Mac
Carthy un mémoire sur ce sujet (1). — « On vous retrouve toujours
« sur le chemin du bien, lui répondit Mgr. Voilà que vous vous
« occupez de l'Adoration perpétuelle. Je suis très-reconnaissant du
« zèle que vous mettez à rétablir cette sainte pratique dans mon
« diocèse (2). »

En attendant, notre saint Pénitent-Gris, élu premier Maître de
la Confrérie, en 1824, et confirmé, 4 ans de suite, dans la même
charge, s'occupe de préparer un magnifique trône au Dieu de l'Eucharistie. La gloire, l'exposition et divers autres objets lui coûtent,
de ses propres deniers, 33,000 francs. Et quand ce beau travail arrive des ateliers de la maison Choiselat, de Paris, où il l'avait lui-même commandé, il ne se contente pas d'en surveiller la pose; on l'y
voit travailler de ses mains, avec un religieux respect. C'est à lui que
l'on doit le mécanisme ingénieux qui permet de voiler et d'enfermer
si facilement l'ostensoir : l'ex-ouvrier de l'arsenal de Grenoble pou-
vait-il mieux utiliser son talent (3) ?

Quand on a quelque emplette à faire à Lyon, il s'en charge volontiers ; et avec quel soin minutieux il veille aux moindres ornements de sa chère église des Pénitents-Gris ! — « Aussitôt arrivé,
écrit-il à M. Aymard (26 sept. 1828), j'ai été chez le fabricant, et
comme il voulait bien me servir, il a mieux aimé fabriquer pour
nous de nouveaux galons, que nous donner ce qu'il avait en magasin (4) ».

Et qu'on ne parle pas de lui, à propos de ces sortes d'affaires ! —

(1) Voir au Musée-Calvet : *Autographes,* une lettre de M. Vidaud à Mgr de
Mons.

(2) *Archives* de la Confrérie.

(3) A l'époque où l'on plaça dans le sanctuaire la gloire et l'exposition, le maître-
autel fut reconstruit. Le tombeau se compose de deux pierres de Caromb que M. de
Vidaud trouva à son domaine de Fargues et que taillèrent les deux frères Joseph
et Claude Doutavès, pénitents très-zélés. Nommons aussi quelques autres ouvriers
qui eurent l'honneur de travailler à la gloire: MM. Baussand, sculpteur, Urbain
Roux, menuisier, Pougnet, doreur.

(4) *Archives,* etc. A la fin de cette lettre, M. de Vidaud ajoute : *Dès que le pa-
quet de galons que M. Laucas vous adressera vous sera parvenu, ayez la
complaisance de les envoyer à l'Hôpital afin que ces Dames puissent finir nos
ornements.*

« Je n'ai pas besoin d'être cité: ces choses-là se font pour le bon Dieu
« n'importe par qui elles soient faites (1) ».

Mais si nous nous taisions, ô trop modeste bienfaiteur de la chapelle miraculeuse, *ses pierres même parleraient* pour rappeler votre
pieux dévouement : *lapides clamabunt.*

*

Avant que pût être inaugurée solennellement par Mgr de Mons,
dans la gloire et l'exposition nouvelles, l'adoration perpétuelle du
S. Sacrement, il fallut célébrer le 6e centenaire de la fondation de la
Confrérie. M. de Vidaud, premier Maître des Pénitents, n'arriva que
la veille qui était un samedi ; mais il avait eu soin de s'entendre de
loin avec ses confrères pour assurer à Notre-Seigneur un magnifique
et décent triomphe. Citons ici quelques lignes d'une lettre qu'il
adressa de Paris à M. Peyrard, le 18 avril 1826, et que l'on conserve
religieusement aux archives de la Chapelle : — « Je vous prie, Mon-
« sieur, de prendre avec nos chers collègues les mesures convena-
« bles pour que tout ce qui se fera soit grave, décent, propre à ins-
« pirer la piété et le recueillement. » Ses désirs furent écoutés.

« Nous n'entrerons point dans le détail de cette fête incomparable,
dit la Notice publiée en 1851. Nous dirons seulement qu'au milieu
du cortége du grand Roi et parmi toutes ces splendeurs religieuses,
dans cette foule émue, on remarquait un pieux Confrère, dont le recueillement était un des plus beaux ornements de ce triomphe du
Sauveur : c'était le premier Maître, M. de Vidaud. »

*

Qu'on nous permette maintenant d'emprunter quelques traits curieux et édifiants à la période de sa vie qui s'écoula dans le Comtat.
Ces faits, beaucoup d'Avignonais les connaissent ; mais comme, çà et
là, mainte broderie s'est ajoutée à leur trame historique, peut-être
est-il utile de les ramener, d'après des documents sérieux, à l'exacte
vérité...

Le plus connu est celui-ci, qui donna matière d'amusement et
d'édification à la ville entière. On prêchait une retraite dans la cha-

(1) *Archives*, etc.

pelle des Pénitents-Gris, et M. de Vidaud la suivait avec exactitude. Quoique il eût coutume de dire « qu'il valait mieux s'en tenir aux prédicateurs de sa paroisse que de rechercher les plus fameux orateurs, » qui oserait le blâmer d'avoir eu quelque faiblesse pour sa chapelle bien-aimée ?... La retraite durait depuis plusieurs jours ; après chaque exercice, en rentrant chez lui, il demandait un mouchoir : — « Je ne sais, disait-il, où mes mouchoirs passent, le fait est qu'en sortant de l'église, je ne les trouve plus. »

Le lendemain, sa servante, moins patiente que lui, s'avisa d'attacher le mouchoir à la poche de l'habit. La précaution était bonne : à l'église, M. de Vidaud priait, plongé dans ses dévotions ordinaires, et le voleur fut à son poste. Mais cette fois le mouchoir résista. Alors, sans se retourner, pour lui éviter trop de confusion, notre bon Pénitent dit avec simplicité au voleur : « Mon ami, il est cousu. »

*

Les pauvres assiégaient littéralement sa maison ; souvent même ils entraient sans façon chez lui et l'attendaient dans les corridors.

Un jour, sortant de son salon, au rez-de-chaussée, il trouve assis sur l'escalier un pauvre à qui il venait de donner un secours, quelques minutes avant. Le mendiant lui expose qu'il n'a rien mangé depuis la veille : — « Eh ! dinez donc avec moi, » lui dit M. de Vidaud.

A table, quelque honneur qu'il fasse au festin, on voit que le convive est rêveur, soucieux. — « Qu'avez-vous, mon ami ? » — « J'ai... que je pense à ma femme qui est à la porte, et qui est à jeun depuis hier ; je vais faire un bon dîner, moi, et elle n'aura rien. » — « C'est juste, allez la chercher ; il y aura bien place pour elle. »

Par grand hasard, ou plutôt par grande providence, il y avait, ce jour-là, une volaille sur la table de M. de Vidaud ; il la distribua tout entière à ses deux convives dont l'appétit robuste en eut bien vite raison ; pour lui, il dîna de quelques pommes de terre délicieusement assaisonnées par le plaisir de la charité.

Un autre jour, un de ses ouvriers lui ayant procuré l'occasion de secourir un étranger timide et bien malheureux : — « De grâce, lui dit-il, quand vous rencontrerez encore de braves gens comme cet homme, ne manquez pas de me les amener : je vous en serai très-reconnaissant. »

*

Ne sortons pas d'Avignon. — Par un temps de mistral très-violent on bâtissait le mur de clôture de la maison du Sacré-Cœur, et M. de Vidaud se trouvait avec les ouvriers. — « Passez ici, Monsieur, lui dit l'un d'eux ; vous serez à l'abri. » — « Je ne crains pas le froid, » répondit-il. L'ouvrier insiste. — « Non, mon ami, pour cent bonnes raisons que j'ai, je ne vous cèderai ma place. » Au même instant, un coup de mistral enlève le chapeau du saint homme qui, se tournant alors gaîment vers le maçon : « Vous voyez, lui dit-il, que j'ai bien fait de garder cette place. Je puis supporter plus aisément que vous cette perte et y remédier. »

Dans la même maison, mais à la chapelle, un grave accident faillit lui faire perdre autre chose que son chapeau. M. de Vidaud servait la messe, et il arriva qu'en accompagnant, un cierge à la main, le prêtre qui donnait la Communion, le feu prit à ses cheveux. Impassible et abimé dans l'adoration, lui n'y prenait point garde ; il fallut que le prêtre éteignît la flamme, comme il put, de sa main restée libre.

*

Citons encore deux ou trois faits qui se passèrent, l'un au domaine de Fargues, près du Pontet, les autres probablement sur la route de Fargues à Avignon.

On avait pris à M. de Vidaud un arbre dans un de ses bois. Un arbre volé ! ce n'est point chose si rare ; oui, mais cet arbre était jeune, de belle venue, et son maître avait eu cette petite faiblesse, à ce qu'il paraît : bien des fois il avait jeté des regards de complaisance sur ce bel arbre. On découvrit le voleur, un paysan du voisinage qui essaya de s'excuser : le toit de sa maison menaçait ruine ; il lui avait fallu pour le réparer du bois droit et léger... — « Eh ! mon ami, lui dit le propriétaire lésé, il fallait le dire. » Puis, le menant sur les lieux, il lui montra d'autres arbres qui auraient mieux fait son affaire, et, pour tout châtiment, il lui permit de les couper et de refaire ainsi à neuf la toiture de sa maison.

Un autre jour, il trouva dans ce même bois une pauvre femme chargeant péniblement sur ses épaules un énorme fagot qu'elle venait de couper. — « Votre faix est bien lourd, ma bonne, donnez-le moi, je le porterai. » Il le fit comme il disait, et la maraudeuse suivait, ravie d'une pareille prévenance et répétant tout bas: Quel brave homme ! A la porte S.-Lazare, le serviteur de Dieu lui remit gracieusement le fagot et y ajouta une aumône, car, pensait-il, c'est la misère qui pousse à aller chercher du bois dans la forêt d'autrui.

Oh ! que S. Paul avait raison de s'écrier en parlant de la charité chrétienne : *Elle est patiente et bienfaisante ; elle ne pense pas du mal du prochain !* (1).

Nous nous reprocherions de passer sous silence une autre aventure que se plaisait à raconter jadis une bonne femme de la rue des Infirmières, à qui elle arriva : la mémoire du cœur n'est pas si courte qu'on le croit chez les pauvres. — M. de Vidaud revenait de Fargues avec un ouvrier. En route, il rencontre une femme âgée, portant un gros faix d'herbes. Il descend aussitôt de voiture, débarrasse la pauvre femme de son fardeau, la fait monter à sa place, et se dispose à continuer sa route à pied. A cette vue, le brave ouvrier descend à son tour, pour lui tenir compagnie, laissant la bonne paysanne trôner seule sur un carrosse traîné par deux chevaux... Ceci se passait vers la fin de la vie de M. de Vidaud, et j'aime à me le représenter murmurant, lui vieillard, certaine strophe de l'*Hymne de l'enfant à son réveil* que récitait sur ses genoux sa petite-fille , Mlle Marie de Chabannes :

> Mets ton saint nom dans ma mémoire,
> Mets le pauvre sur mon chemin,
> Mets l'abondance dans ma main
> Pour que je la verse à ta gloire.

★

On peut juger par ces quelques traits quelle fut l'inépuisable charité de M. de Vidaud ; achevons de montrer qu'il ne lui manqua aucun des caractères que S. Paul attribue à la vraie charité chrétienne, pas même ce dernier dont notre pauvre nature sent si bien la difficulté : *La charité tolère tout de la part d'autrui, elle supporte tout.*

Il entretenait à ses frais dans une maison de bienfaisance deux jeunes filles bien exposées auprès de leur mère peu religieuse. Or, voilà qu'un jour, par je ne sais quel caprice, celle-ci s'avisa de l'in-

(1) 1 Cor., 13, 4, 6.

jurier ouvertement sur la place S.-Didier. Il soutint l'orage sans s'émouvoir. Mais après la pluie vint la grêle : cette malheureuse femme, irritée par le calme même et la patience de son bienfaiteur, s'emporta jusqu'à le frapper si violemment au visage que le sang coula. On la dénonce aussitôt à la police et, malgré les instantes prières du serviteur de Dieu, l'affaire va au tribunal. Voyez-vous l'embarras du bon M. de Vidaud ? Sans aucun doute il aimerait mieux être frappé dix fois encore et plus rudement, qu'exposer la coupable aux rigueurs de la justice. — « Si Guéritte m'a frappé, dit-il, elle l'a fait bien doucement, car à peine m'en suis-je aperçu. » Mais il ne put fléchir les juges et dut se contenter de traiter, dans la suite, cette pauvre femme avec plus de charité que jamais.

Voici un autre trait bien connu. A l'approche des fêtes de la Noël, le serviteur de Dieu étant allé visiter une famille indigente, ne se retira point sans ajouter, selon sa coutume, un peu de monnaie blanche aux secours en nature qu'il avait discrètement apportés sous son ample paletot. A peine est-il sorti que les pauvres gens tiennent conseil et décident à l'unanimité… qu'on achètera sur-le-champ la dinde traditionnelle de tout bon repas de Noël. Le lendemain, M. de Vidaud revient pour quelque affaire à la même maison, entend dans l'escalier des cris joyeux, prête attentivement l'oreille et n'est pas peu surpris de ce refrain qui lui arrive, mêlé à l'onctueux grincement d'un tourne-broche : *Viro, viro, Vidaud !* — Tourne, tourne, Vidaud ! — « J'ai eu tort d'être curieux, se dit-il, et l'oreille doit ignorer, tout comme la main gauche, ce qu'a fait la main droite. »

*

Nous dépasserions trop les bornes que nous nous sommes imposées pour ce petit travail, si nous voulions citer encore bon nombre de traits analogues. On peut dire qu'il poussa presque la bonté jusqu'à la faiblesse et qu'il ne sut jamais faire un reproche même bien mérité, sans se confondre, de suite après, en excuses. C'est ce qui lui arriva notamment à la chapelle des Pénitent-Gris, certain jour où il s'occupait à construire le nouvel autel avec deux jeunes ouvriers, Joseph et Claude Doutavès (1). Un excellent confrère aux allures un

(1) M. Joseph Doutavès est mort saintement comme il avait vécu, il y a environ 18 mois. Son frère est actuellement second Maître de la Confrérie ; il l'était aussi à l'époque de la dernière procession jubilaire.

peu brusques, M. B. parlait à haute voix dans l'église : — « De grâce, lui dit vivement M. de Vidaud, de grâce, Monsieur, taisons-nous. » Puis, craignant de l'avoir offensé, il va à M. B..., lui demande pardon et s'humilie à tel point que celui-ci en est tout embarrassé et confus.

*

Cette charité toujours active, cette mortification assidue, cette constante union avec Dieu, répandaient sur toute la personne de M. de Vidaud je ne sais quoi d'aimable, de doux et de digne qui faisait dire à tous : C'est un ami du bon Dieu, c'est un saint.

Au reste, on a raconté de lui des choses merveilleuses, et Celui qui attend d'ordinaire le dernier jour pour ceindre ses élus de l'éclatant diadème sembla détacher quelques perles de cette couronne et les placer sur le front humble et serein de M. de Vidaud, encore dans l'exil et la lice. A Argoulois, château de son gendre, une plaie que le saint homme avait pansée se trouva guérie instantanément. Une fois, il revenait avec des amis d'un pèlerinage, et il fut surpris par la nuit ; une pluie abondante ajoutait à l'obscurité et rendit bientôt les chemins impraticables. Que faire ? M. de Vidaud, descendu de voiture, mène les chevaux par la bride, sondant le terrain avec sa canne pour s'assurer si on peut avancer. Tout-à-coup, ô douce surprise de la Providence ! une grande lumière apparaît et éclaire la route.

M. de Vidaud reprend sa place auprès de ses compagnons de route : le cocher fouette les chevaux, et la lumière accompagne les voyageurs, pendant une demie heure environ, jusqu'au lieu de leur destination.

Quelqu'un racontant un jour devant lui ce trait de la bonté de Notre-Seigneur et disant avoir vu, dans le lointain, un grand feu en forme de gerbe, M. de Vidaud en parut tout surpris ! — « Je n'ai pas vu de gerbe, dit-il, mais seulement un petit berger qui portait de la lumière. » Était-ce son ange gardien qui lui rendait ce service ? Oui, peut-être ; en tout cas, on tient pour certain qu'il y eut dans cet événement quelque chose de surnaturel (1).

(1) Le P. Poujet, de la Compagnie de Jésus, raconte ces traits dans la vie de M. de Vidaud qu'il a publiée sous le titre de *Modèle des Chrétiens dans le monde* 1854. Toulouse, in-18. — Voir aussi *Les Serviteurs de Dieu*, par M. L. Aubineau, T. 2, p. 119.

*

Mais l'heure était proche où le serviteur de Dieu allait passer des ombres de ce monde dans une autre éclatante lumière.

Le 16 janvier 1834, M. de Vidaud écrit de Châlons à M. Aymard, Maître des Pénitents-Gris, qu'au moment où « il aurait désiré faire le voyage d'Avignon, il est obligé d'aller auprès de sa fille aînée et que probablement il y fera un séjour *assez long* (1). »

Ce séjour fut, au contraire, hélas ! de courte durée. Dès le mois de février, il revient d'Argoulois à Grenoble, relevant d'une légère atteinte de maladie, très-faible encore, et au lieu de se reposer, il passe huit jours dans un travail opiniâtre : il s'agissait de régler les affaires des religieuses du Sacré-Cœur dont la communauté se transportait de Grenoble à Marseille.

Il fallut bientôt se soigner et se soumettre docilement aux prescriptions des médecins. — « Jamais il ne s'est plaint, disait son fidèle serviteur François ; jamais non plus il n'a rien refusé de tout ce qui lui était offert ; sa réponse était toujours : *Comme vous voudrez.* »

Son état ne paraissait avoir rien de grave, lorsqu'il désira recevoir le saint viatique.

Pour honorer Notre-Seigneur, il voulut que sa chambre fût tendue de blanc et magnifiquement ornée ; et il dirigea lui-même tous les apprêts avec autant de prévision et de calme que s'il eût été bien portant. A l'heure convenue, on lui apporta le saint viatique. Comment décrire cette scène ?... Il faudrait pour un tel tableau un pinceau séraphique. On dit qu'ayant reçu le sacrement de l'Eucharistie, le saint malade resta deux longues heures, les yeux fermés, le cœur abimé en Dieu, dans un tel calme enfin et une telle sérénité qu'on eût pu croire que la vision béatifique avait déjà commencé pour lui (2).

____

(1) *Archives* de la chapelle des Pénitents-Gris. On lit à la 4e page de la lettre : *Dernière reçue de la part de M. de Vidaud qui décéda le cinq mars suivant.* — Madame Tissot, petite-fille de M. Aymard, a le bonheur de posséder, entre autres objets ayant appartenu au saint ami de son aïeul, son vêtement de Pénitent-Gris.

(2) M. Dumas, curé de St Pierre (Avignon), se trouvant, il y a 25 ans, au pied de la chaire du saint curé d'Ars, M. Vianney, l'entendit raconter un trait fort touchant de la dévotion de M. de Vidaud envers la divine Eucharistie : — « C'est « comme ce bon M. de Vidaud ! disait-il. Etant un jour entré dans la chapelle de son « château, on lui vint annoncer qu'il lui arrivait de nobles visiteurs ; il répondit « qu'il allait se rendre et continua à prier le bon Dieu. Deux heures se passent, il

Peu après, la maladie s'aggrava tout-à-coup. Il demanda l'extrême-onction, réclama les indulgences, et s'endormit bientôt en paix, sans souffrance, sans agonie, souriant plutôt doucement à la mort que redoutant son approche. Il avait cinquante-huit ans. C'était le 5 mars 1834.

*

La perte de M. de Vidaud fut regardée comme une calamité publique, et sa mémoire est restée en vénération non-seulement à Grenoble qui a l'honneur de posséder ses dépouilles mortelles, mais partout où il a passé, et principalement à Avignon et dans la dévote et royale Confrérie des Pénitents-Gris. Aussi, voulant faire connaître, il y a quelques années, les trois époques les plus mémorables de leur histoire, les Maîtres de la Confrérie n'eurent garde d'oublier les années de maîtrise du vaillant serviteur de Dieu. Ils confièrent donc à un habile verrier d'Avignon, M. F. Martin, l'exécution d'un vitrail (1) en trois médaillons représentant, l'un, la procession faite sous Louis VIII, l'autre, le miracle des eaux, le troisième enfin, l'offrande de l'exposition et de la gloire par M. de Vidaud. Sous le premier médaillon on lit cette inscription :

EXVL. OVANS. CHRISTVS. REDIT. 1226.

sous le second, celle-ci :

HIC. STETIT. VNDA. FLVENS. 1433.

sous le troisième, cette antique devise de la Confrérie :

GLORIA. LAVS. ET. HONOR. 1829.

« priait encore. Son domestique François revient l'avertir qu'il est attendu au salon.
« Il promet et s'oublie de nouveau durant deux longues heures. Ah ! c'est que lui,
« en priant, avait comme un rayon de miel dans la bouche, tandis que nous avons,
« nous, comme de petits cailloux sans aucune douceur. » — Pareille chose arriva
encore à M. de Vidaud, un jour qu'il était allé de N.-D. de Rochefort : ayant manqué au déjeûner, il aurait manqué au dîner, si le curé de sa paroisse qui l'avait accompagné ne lui eût « commandé de sortir de son extase. » — Quand quelque ouvrier avait à lui parler dans la chapelle des Pénitents-Gris, ce n'était pas toujours facile. « M. de Vidaud est au ciel maintenant, disait-on ; quand il en descendra, nous lui parlerons affaires. »

(1) Ce vitrail a été posé dans le dôme, en face de la porte en fer de la chapelle du S. Sacrement.

*

Oui, à jamais *louange, gloire, honneur* au T.-S. Sacrement perpé-
tuellement exposé, depuis près de sept siècles, dans la chapelle des
Pénitents-Gris ! Mais chaque fois que nous irons l'adorer sur cet autel
magnifiquement restauré et embelli par vos soins, ô vénéré confrère,
Néhémie de ce nouveau temple, nous songerons aussi à vous, nous
nous rappellerons votre zèle, votre ferveur, vos adorations presque
séraphiques, et, dût votre humilité si sensible et si délicate se trouver
offensée de nos justes éloges, nous vous appliquerons, à vous aussi,
quelquefois la devise de la Confrérie que vous avez tant aimée :

GLORIA. LAVS. ET. HONOR.

J. BONNEL, *chan. hon.*

Avignon, en la fête du T.-S. Sacrement, jeudi 16 Juin 1881.

———◁◦◦◦▷———

Qu'on nous permette d'ajouter à cette courte Notice consacrée à
l'un des plus dévoués adorateurs du T.-S. Sacrement dans la chapelle des Pénitents-Gris d'Avignon, quelques mots sur le magnifique
ostensoir où le divin Maître repose depuis 23 ans. —M. Aymard avait
donné à la Confrérie l'ostensoir en bronze doré qui depuis 1828 servait à l'exposition perpétuelle ; en 1858, la digne veuve d'un autre
zélé pénitent, Mme Peyrard, contribua largement à l'acquisition du
nouveau trône offert à Notre-Seigneur-Jésus-Christ.

L'exécution en fut confiée à la maison Froment-Meurice, de Paris.
Quand l'ostensoir arriva, M. l'abbé C., aumônier du S. Sacrement,
entreprit de faire appliquer autour de la divine hostie un riche cercle
de diamants. Aussitôt son projet connu, les dons affluèrent. Men-
tionnons les principales offrandes : un bijou d'une valeur de 1500 fr.,
donné par Mlle Marie Einésy, un papillon estimé 500 fr., et un soli-
taire estimé 200, offerts l'un par Mlle Clémentine Fortunet, l'autre
par Mlle Marie Liffran ; une superbe rivière apportée par M. Villard,
recteur perpétuel de la Confrérie des Pénitents-Noirs de la Miséri-
corde, etc... Le bijou, d'une valeur de 6.000 fr., fut monté gratuitement par M. Alp. Achard, orfèvre, qui voulut bien y ajouter quatre
brillants.

Les noms des souscripteurs et donateurs furent gravés sous le pied de l'ostensoir. Voici l'Inscription faite avec le savant concours de M. Deloye, conservateur du Musée-Calvet de notre ville :

D. O. M.

Hoc. Ostensorivm. Argentevm.
Avro. Lapidibvs. Variis. Et. Arte.
Præstantissimvm.
Armisqve. LUDOVICI. VIII. Franc. Regis.
Piæ. Sodalitatis. Pœnitentivm. Griseor. Gallice. Penit. Gris.
Avenione. Fvndatoris.
Insignitvm.

Qvod.
In. Honorem.
VERBI. INCARNATI.
In. Smo. Evcharistiæ. Sacramento.
DEI. VERE. VIVENTIS.
Et. In. Dictæ. Sodalitatis. Perillvstri. Sacello.
A. Die. XIV. Septembris. Anni. Salutis. MCCXXVI.
In. Adorationem. Perpetuam. Continenter. Prolati.

Svæ. Svorvmqve. Sodalivm.
Reverentiæ. Pietatis. Gratitvdinisqve.
Monvmentvm.
Fieri. Cvravervnt. Infrascripti.
D. D. Magistri : De Banieres. Lvd. Covlont.
Malet. Thesavrarivs.
D. D. Electi. Perpetvi :
De Fresqvieres. De l'Espine. Dv Plessis. D'Ingvimbert.
Et de Salvador.

Imprimis. Donantibus. Qvibvsdam. Svis. Concivibvs.
Scilicet :
D. D. Maria. Theresia. Ytier. In. Memoriam.
D. Ios. Nicolai. Lvdovici. Peyrard.
Svi. Conivgis. Defvncti.
Olim. Itervm. Itervmqve. Piæ. Sodalitatis. Magistri.
Maria. Margarita. Clementina. Fortvnet.
Theresia. Morard. Vidva. D. Chapelain.
Marg. Carola. Maximiliana. De Cavsan. Vxore. D De Philip

HENRICA. VACHER. VIDVA. D. MADIER.

AMABILI. DEVILLE. VXORE. D. MONIER.

MAGDALENA. NOGAREDE. JOANNA. GVIRAMAND. MARIA. CHABERT.

MARIA. JULITTA. BEATRICE. EINESY.

ELISABETH. SICARD. VIDVA. D. CHAVVET.

HENRICA. FELICE. DE MARESCHAL. VXORE. D. DE FRESQVIERES.

ISIDORO. IOSEPHO. SEVERINO. ET. MARIA. BERARD.

AVGVSTINO. VILLARD. ALPHONSO. ACHARD. CAROLO. AVBANEL.

IOSEPHO. MAGNO. CORENSON. SACERDOTE.

BENEZETO. MANIVET. SACERDOTE. PETRO. DV BOVSQET. SACERDOTE.

ROSA. IOVFFRET. N. LOCAMVS

IOSEPHA. ET. MARIA. LIFFRAN.

COELESTINA. SOVRD. VXORE. BENEDICTI. FORT.

ET. ALIIS.

CONSECRAVIT. DICAVITQVE.

ILLVST. AC. RR. IN CHRISTO. PATER.

D. D. JOANNES. MARIA. MATHIAS DEBELAY.

ARCHIEP. AVEN.

ANNO. A. NATIV. DOMINI. M.DCCC.LVIII. DIE.

VERO. MARTII. VI.

PIO. PONTIFICE. MAXIMO. SEDENTE.

NONO.

Me conformant au décret du Pape Urbain VIII, je déclare avoir pris la qualification de Saint donnée à M. de Vidaud, dans l'acception ordinaire et commune de ce mot, et avec une entière soumission au jugement de l'Eglise.

Avignon. — Aubanel fr. Imp. de N. S. P. le Pape et de Mgr l'Archevêque. — 1881.